# **SLOW** LIVING
## ARCHITECTURE
Donde el Tiempo y el Espacio Convergen

© 2024 Instituto Monsa de ediciones.

First edition in September 2024 by Monsa Publications,
Carrer Gravina 43 (08930) Sant Adrià de Besós.
Barcelona (Spain)
T +34 93 381 00 93
www.monsa.com
monsa@monsa.com

Editor and Project director Anna Minguet
Art Director: Layout and Cover Design
Eva Minguet (Monsa Publications)
Printed in Spain
Shop online:
www.monsashop.com

Follow us!
Instagram: @monsapublications

ISBN: 978-84-17557-77-5
B 11160-2024

All rights reserved. No part of this book may be used or reproduced in any manner whatsoever without written permission except in the case of brief quotations embodied in critical articles and reviews. Whole or partial reproduction of this book without the editor's authorisation infringes reserved rights; any utilization must be previously requested.

"Queda prohibida, salvo excepción prevista en la ley, cualquier forma de reproducción, distribución, comunicación pública y transformación de esta obra sin contar con la autorización de los titulares de propiedad intelectual. La infracción de los derechos mencionados puede ser constitutiva de delito contra la propiedad intelectual (Art. 270 y siguientes del Código Penal). El Centro Español de Derechos Reprográficos (CEDRO) vela por el respeto de los citados derechos".

# SLOW LIVING ARCHITECTURE

Donde el Tiempo y el Espacio Convergen

monsa

## Introducción INTRO

En un mundo donde la prisa y la inmediatez son moneda corriente, la arquitectura del Slow Living emerge como un faro de calma y contemplación. En estas páginas, exploraremos un enfoque arquitectónico que va más allá de la mera construcción de edificios; es un testimonio de cómo el entorno construido puede moldear nuestras vidas de formas profundas y significativas.

El Slow Living no es simplemente una tendencia pasajera, sino un retorno a los valores fundamentales de la existencia humana: la conexión con la naturaleza, la apreciación del tiempo y el espacio, y la búsqueda de la autenticidad en cada detalle. Es un recordatorio de que la verdadera riqueza reside en la calidad de nuestras experiencias y en la armonía con nuestro entorno.

A lo largo de estas páginas, encontrarás una colección diversa de estudios de arquitectura que comparten su visión del Slow Living a través de proyectos inspiradores. Desde hogares diseñados para integrarse armoniosamente con entornos naturales hasta espacios públicos que fomentan la comunidad y el bienestar, cada proyecto es un ejemplo tangible de cómo la arquitectura puede enriquecer nuestras vidas.

Además, estos proyectos destacan el uso de materiales de construcción respetuosos con el medio ambiente y prácticas sostenibles que minimizan el impacto ambiental. Desde la madera recuperada hasta los sistemas de energía renovable, cada decisión de diseño refleja un compromiso con la preservación del entorno natural y el bienestar de las generaciones futuras.

Únete a nosotros en este viaje hacia una nueva comprensión de la arquitectura, donde el tiempo se ralentiza, los espacios se convierten en refugios para el alma y cada detalle cuenta. Bienvenido a la Arquitectura del Slow Living, donde el tiempo y el espacio convergen para crear experiencias que trascienden lo ordinario y nos conectan con lo esencial.

Discover a refreshing paradigm in architecture with "Slow Living Architecture," a captivating book that transports you to a realm where time gently unravels and spaces evolve into sanctuaries for serenity and introspection.

Through a meticulously curated array of architectural ventures spanning the globe, this book invites you on an exhilarating odyssey to residences, communal areas, and edifices that wholeheartedly embrace the ethos of Slow Living. From rustic cabins nestled amidst idyllic natural vistas to contemporary urban enclaves artfully crafted to foster human connection, each project stands as a testament to the profound metamorphosis achievable when architecture intertwines with the tenets of Slow Living.

Dive into the rich tapestry of "Slow Living Architecture" and uncover the ingenious ways in which architects have harnessed eco-conscious construction materials, bioclimatic design methodologies, and an unwavering devotion to minutiae to fashion spaces that not only nourish the spirit but also advocate for a more mindful way of life.

This compendium transcends mere homage to architectural brilliance; it serves as a poignant summons to ruminate on our symbiotic rapport with the built environment and contemplate avenues through which we can lead lives of greater harmony and significance in today's fast-paced world.

"Slow Living Architecture" serves as a poignant reminder that, amidst a culture fixated on velocity and efficiency, there exists an imperative to occasionally pause, draw a deep breath, and luxuriate in the beauty that envelops us.

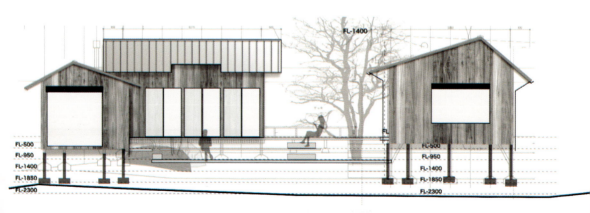

## Índice INDEX

| | |
|---|---|
| THE LANDING HOUSE: A MODERN WOOD PAVILLION | 10 |
| SUMU YAKUSHIMA | 20 |
| OAKHILL HOUSE | 30 |
| PINE LANE HOUSE | 38 |
| EVERDEN RESIDENCE | 46 |
| SCHNEE-EULE | 56 |
| FAROUCHE TREMBLANT | 66 |
| VIRGIN VINEYARD HOUSE | 74 |
| KANATA CABIN | 88 |
| EMIGRATION CREEK RESIDENCE | 96 |
| INDIGO TANJA & JOS | 104 |
| SKILLFULLY STEWARDS AN UNLIKELY EICHLER | 118 |
| RESIDENCE INTO A MULTI-GENERATIONAL ABODE | 130 |

# THE LANDING HOUSE: A MODERN WOOD PAVILLION

Joshua Tree, California // Project Team: Fernando Gerscovich & Juan Diego Gerscovich // General contractor: Mano a Mano // Photography: Ye Rin Mok

*Un descubrimiento impresionante*
Durante una visita a la región en 2019, los hermanos quedaron fascinados por los atributos naturales del área, incluido su paisaje único y los patrones de luz natural. Inspirados creativamente, adquirieron una parcela de cinco acres de terreno donde pudieron aplicar técnicas arquitectónicas innovadoras para materializar su visión de un retiro integrado en el paisaje desértico virgen.

La tierra estaba bendecida con la presencia de emblemáticos árboles de Joshua, formaciones rocosas naturales abundantes y vistas majestuosas, proporcionando una sensación de estar inmerso en un parque nacional dentro de otro. A poca distancia de un par de árboles de Joshua, los diseñadores concibieron la casa como una rama caída metafórica. Su diseño se centró en la eco-humildad, comenzando con una escala volumétrica de perfil bajo de 9 pies para asegurar que la estructura no se impusiera al paisaje.

"Además, elegimos materiales muy simples y de bajo mantenimiento, como hormigón, cedro y vidrio, que envejecerán naturalmente dentro del entorno circundante", señala Gerscovich. "La casa aún luce nueva, pero esperamos que se desgaste y adquiera una pátina hermosa con el tiempo".

*Un retiro en el desierto*
La Casa Landing ha surgido como un refugio diseñado para la privacidad y la tranquilidad, disponible para que el mundo en general lo experimente como un alquiler vacacional ofrecido por Homestead Modern. Un camino privado de 400 yardas conduce a través de un terreno flanqueado por árboles de Joshua, zigzagueando su camino hacia una pared horizontal de 9 pies de altura que oculta completamente la casa. Un árbol de Yucca estratégicamente plantado da la bienvenida a los huéspedes y delimita la entrada integrada de la Casa Landing. A través de la entrada inteligentemente oculta, las primeras vislumbres de la casa emergen de un rellano que divide dos volúmenes a la izquierda y a la derecha, con un patio abierto justo enfrente que enmarca el desierto de Mojave y ofrece vistas a una piscina de inmersión.

"La división de los volúmenes se concibió como una forma de recordar a las personas la belleza natural de su entorno", dice Gerscovich. "Es una manera sutil de animar a las personas a salir, a la naturaleza, en el transcurso de sus movimientos a través de la casa".

*A breathtaking discovery*
On a visit to the region in 2019, the brothers were struck by the natural attributes of the area, including its other-worldly landscape and natural light patterns. Creatively inspired, they purchased a five-acre parcel of land where they could apply interesting architectural techniques to the realization of their vision of an integrated retreat nestled into the untouched desert landscape.

The land was blessed with the presence of iconic Joshua trees, abundant natural boulder formations, and majestic views, providing the sense of being in a national park within a national park. Within a stone's throw of a pair of Joshua trees, the designers envisioned the house as a metaphoric fallen branch. Their design focused on eco-humility, beginning with a low-profile volumetric scale of 9 feet to ensure that the structure would not impose on the landscape.

"We also chose very simple, low-maintenance materials, including concrete, cedar, and glass, that will age naturally within the surrounding environment," says Gerscovich. "The house still looks new, but we fully expect it to naturally weather and gray in a beautiful way over time."

*A desert retreat*
The Landing House has emerged as a refuge designed for privacy and tranquility, available for the world at large to experience as a vacation rental hosted by Homestead Modern. A 400-yard private road leads through terrain flanked by Joshua trees, winding its way to a 9-foot-high horizontal wall that fully conceals the house. A strategically-planted dancing Yucca tree welcomes guests and demarcates The Landing House's integrated entrance. Through the smartly concealed entrance, first glimpses of the house emerge from a breezeway landing dividing two volumes to the left and right, with an open courtyard straight ahead that frames the Mojave Desert and overlooks a plunge pool.

"The division of the volumes was conceived as a way to sort of remind people of the natural beauty of their surroundings," says Gerscovich. "It's a subtle way of encouraging people to step outside, into nature, in the course of their movements through the house."

*Desdibujando las líneas*
El equilibrio cálido y reflexivo de materiales naturales y comodidades modernas en la Casa Landing proporciona un núcleo reconfortante en el abrazo de un paisaje nativo virgen. El plano de planta presenta dos suites de dormitorio en cada extremo, con el rellano de la brisa conectando la casa como dos alas. En un extremo, una suite de dormitorio con una ventana redonda de diseño único se conecta a un plano de planta principal que comprende una sala de estar, una cocina y un espacio de trabajo dedicado. Al otro lado del pasillo, una segunda habitación con su propio acceso privado, conocida como la Suite de la Piscina, ocupa aproximadamente un tercio de la casa.

Todos los espacios internos de la Casa Landing están revestidos con paneles de pared de cedro, con pisos de hormigón ligeramente pulidos y muebles de roble blanco diseñados cuidadosamente. Las puertas corredizas de vidrio de piso a techo ofrecen vistas despejadas del paisaje desértico virgen, y todas las áreas del plano de planta tienen vista a una piscina de inmersión en el patio.

*Blurring the lines*
The Landing House's warm and thoughtful balance of natural materials and modern amenities provides a comforting core in the embrace of an untouched native landscape. The floorplan features two bookended bedroom suites, with the breezeway landing connecting the house as two wings. At one end, a bedroom suite with a uniquely-designed round window connects to a main floorplan encompassing a living room, a kitchen, and a dedicated workspace. To the other side of the breezeway, a second bedroom with its own private access, known as the Pool Suite, occupies roughly a third of the house.

All internal spaces of The Landing House are clad in cedar wall paneling, with slightly polished concrete floors, and thoughtfully-designed white oak furniture. Floor-to-ceiling sliding glass doors provide unobstructed views of the pristine desert landscape, and all areas of the floorplan overlook a plunge pool in the courtyard.

*Un profundo suspiro de serenidad*
Una plataforma de hormigón se extiende perpendicularmente desde el rellano de la brisa hasta la piscina de inmersión, con su forma monolítica y geométrica diseñada para momentos serenos con vistas a la vasta belleza del Parque Nacional Joshua Tree. A la derecha, una estructura separada alberga un estacionamiento con techo solar, proporcionando a los vehículos un necesario respiro del ardiente sol del desierto. A la izquierda, se ha tallado a mano un fogón en una roca que ha sido dejada en su lugar.

Oculto desde el patio, pero íntimamente escondido justo a la vuelta de la esquina, un tapiz escultórico con esterillas de yoga prepara el escenario para momentos zen frente al telón de fondo de una formación rocosa natural. Enmarcado por acero sólido oxidado, el tapiz está lleno de una base compactada de tierra del desierto, integrándolo aún más en el paisaje natural.

*A deep breath of serenity*
A concrete platform extends perpendicularly from the breezeway landing to the plunge pool, with its monolithic and geometric form designed for soulful moments overlooking the vast beauty of Joshua Tree National Park. To the right, a separate structure houses a carport with a solar panelled roof, providing vehicles with a necessary reprieve from the hot desert sun. To the left, a firepit is hand-carved into a boulder that has been left in place.

Concealed from the courtyard, but intimately tucked away just around the corner, a sculptural landing pad with yoga mats sets the stage for Zen moments against the backdrop of a natural rock formation Framed by oxidized solid steel, the landing pad is filled with a compacted base of desert soil, further integrating it into the natural landscape.

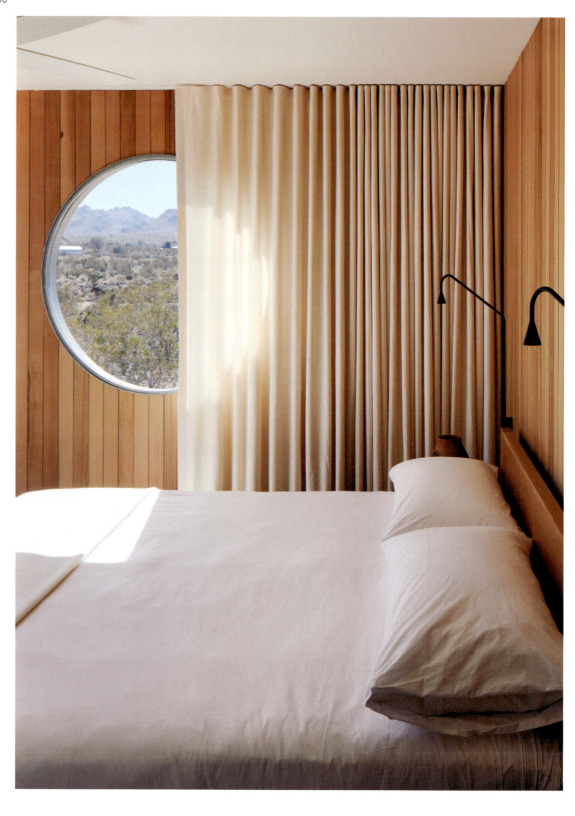

# SUMU YAKUSHIMA

Yakushima, Japan // Client: Sumu Yakushima, Moss Guide Club // Architects/designers: Tsukasa Ono(tono Inc.) // Collaborators: WAKUWORKS // Engineers: Shizen energy Inc., ENERGY MACHIZUKURI-SHA INC. // Construction company: Motchom create // Suppliers: Arimizu sawmill companies // Lighting Designer: Hisaki Kato // Photographer: Rui Nishi, Hinano kimoto, Wataru Aoyama

Acerca de Sumu Yakushima:
La Isla de Yakushima es un paraíso natural en el sur de Japón, donde la abundante lluvia sobre picos de 2.000 metros nutre densos bosques que albergan cedros japoneses milenarios.

Esta innovadora cooperativa de vivienda aplica la "arquitectura regenerativa" para reconceptualizar la relación entre la habitación humana y el entorno natural circundante. El nombre Sumu significa tanto "vivir" como "aclararse", expresando su concepto central de vivir de una manera que impacte positivamente el paisaje. En lugar de ser un sitio discreto, el diseño adopta una visión holística de toda la cuenca del río, desde las montañas hasta el mar, contribuyendo positivamente a los procesos naturales. Aplica la "arquitectura regenerativa", un nuevo enfoque desarrollado por los diseñadores que combina la ingeniería civil tradicional japonesa con la tecnología contemporánea.

Yendo más allá de simplemente preservar la naturaleza tal como es hoy, las consideraciones clave en el diseño incluyen:
• Diseñar el entorno subterráneo.
• Orientar los edificios basados en una comprensión profunda de los flujos de agua y aire a través del paisaje.
• Crear una conexión continua con la naturaleza a través de la arquitectura.

Además de explorar aplicaciones modernas de la sabiduría tradicional japonesa, sus características incluyen:
• Energía fuera de la red a partir de energía solar, baterías de almacenamiento y leña local.
• Espacios de vida cómodos que aprovechan la experiencia arquitectónica para lograr estanqueidad y aislamiento efectivos, a diferencia de alojamientos estilo campamento.
• Espacios modernos con diseño elegante.

About Sumu Yakushima:
Yakushima Island is a natural paradise in southern Japan, where abundant rainfall onto 2,000-meter peaks nurtures dense forests home to millennium-old Japanese cedars.

This innovative housing co-op applies "regenerative architecture" to re-conceptualize the relationship between human habitation and the surrounding natural environment. The name Sumu means both "to live" and "to become clear", expressing its core concept of living in a way that positively impacts the landscape. Rather than being a discrete site, the design takes a holistic view of the entire river basin, from the mountains to the sea, making a positive contribution to natural processes. It applies "regenerative architecture", a new approach developed by the designers that combines traditional Japanese civil engineering with contemporary technology.

Going beyond simply preserving nature as it is today, key considerations in the design include:
• Designing the underground environment.
• Orientating buildings based on in-depth understanding of water and air flows through the landscape.
• Creating an ongoing connection with nature through architecture.

In addition to exploring modern applications of traditional Japanese wisdom, its features include:
• Off-grid energy from solar power, storage batteries, and local firewood.
• Comfortable living spaces that leverage architectural expertise to achieve effective airtightness and insulation unlike camp-style accommodations.
• Modern spaces with stylish design.

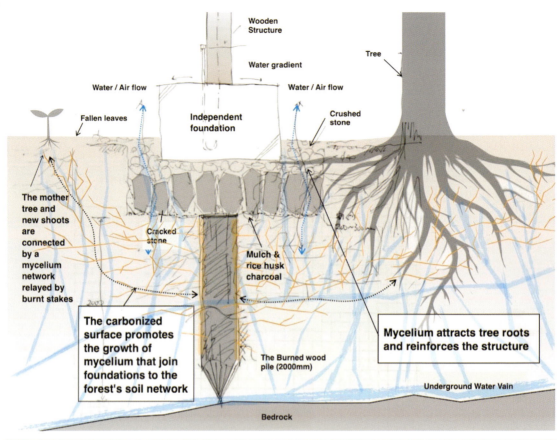

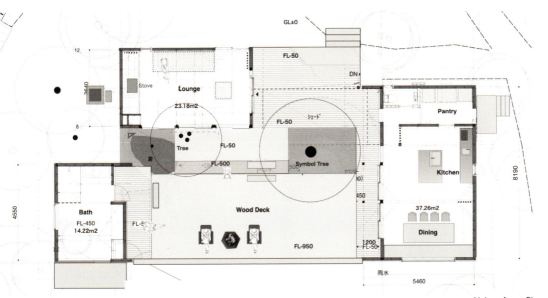

Living Area Plan

Living Area Elevation

Cabin Elevation

Un cambio importante con respecto a las instalaciones convencionales de experiencia en la naturaleza, Sumu fomenta la participación de una amplia sección de la sociedad en el aprendizaje, con el objetivo de mejorar el futuro de nuestro planeta. Fiel a su concepto de generar un impacto positivo viviendo entre la naturaleza, los residentes de Sumu adoptan un "estilo de vida regenerativo" que mejora el medio ambiente a través de actividades cotidianas, desde la recolección de madera flotante para usarla como leña, hasta despejar la hierba para permitir que el aire fresco circule de manera que beneficie al paisaje.

El diseño de Sumu cambia nuestra relación con la naturaleza. Permite a los residentes descubrir nuevas posibilidades para interactuar con la naturaleza y adaptar la forma en que piensan y actúan, construyendo así relaciones con la naturaleza que trascienden generaciones. Si se aplica de manera más amplia, su enfoque único tiene el potencial de acelerar las iniciativas medioambientales.

A major departure from conventional nature experience facilities, Sumu encourages a wider section of society to engage in learning, with the aim of bettering our planet's future. True to its concept of making a positive impact by living among nature, Sumu residents adopt a "regenerative lifestyle" that enhances the environment through everyday activities, from collecting driftwood for use as firewood, to clearing grass to allow cool air to flow through in a way that benefits the landscape.

Sumu's design changes our relationship with nature. It enables residents to discover new possibilities for interacting with nature, and to adapt the way they think and act, thus building relationships with nature that transcend generations. If more widely applied, its unique approach has the potential to accelerate environmental initiatives.

# OAKHILL HOUSE

Bromont, Canada // Architect: Matière Première Architecture // Contractor: Nu Drōm //
Landscape design: Art nature // Photos: Ian Balmorel // Windows: Shalwi // Siding: Juste du pin //
Furniture: Kastella // Furniture & Lighting: Poliform // Chairs: Carl Hensen wishbone

Anidada dentro del municipio densamente forestado de Bromont, cerca de Montreal, Oakhill es una residencia unifamiliar concebida por el estudio local de arquitectura, Matière Première Architecture, y construida por su firma asociada, Nu Drōm.

Diseñada para integrarse perfectamente con el bosque circundante de arces, la casa enfrenta hacia el este en una pendiente suave. Un área de humedales al este forma un claro natural, mientras que un afloramiento rocoso al oeste crea una pendiente más pronunciada, protegiendo la residencia tanto de los vientos dominantes como de las vistas vecinas.

*Concepto y Espacios Interiores.*
Enfatizando una escala modesta, Oakhill es una residencia elegante de un solo piso que armoniza con el dosel forestal, inspirada en los árboles caducifolios predominantes. Arraigado en el terreno suavemente inclinado, un techo ligero es sostenido por una estructura sutil pero robusta. El techo de pendiente única alternante proporciona interés visual, al tiempo que gestiona la luz solar y el sombreado. Los espacios interiores se fusionan fluidamente con el entorno natural, disolviendo el límite entre la arquitectura y la naturaleza.

*Diseño Elevado y Gradación.*
Central al concepto de diseño de Oakhill es la utilización de la pendiente suave del sitio para elevar sutilmente los espacios interiores, proporcionando una vista amplia que evita una sensación de confinamiento dentro del bosque. Esta perspectiva elevada fusiona armoniosamente la casa con su entorno natural, creando una transición fluida desde el ambiente interior controlado y elegante hacia el exterior orgánico. El enfoque de diseño reflexivo invita a los ocupantes a experimentar una progresión gradual desde los espacios interiores refinados, a través de las áreas de vida al aire libre intermedias y, finalmente, hacia el abrazo exuberante del bosque. Esta gradación subraya la conexión única de la casa con su entorno, fomentando un sentido de unidad con la naturaleza.

Nestled within the densely forested municipality of Bromont, near Montreal, Oakhill is a single-family residence conceived by local architect studio, Matière Première Architecture, and constructed by its partner firm, Nu Drōm.

Designed to seamlessly integrate with the surrounding maple tree forest, the home faces eastward on a gentle slope. A wetland area to the east forms a natural clearing, while a rock outcropping to the west creates a steeper incline, shielding the residence from both dominant winds and neighboring views.

*Concept & Interior Spaces.*
Emphasizing a modest scale, Oakhill is a sleek, single-story residence that harmonizes with the forest canopy, inspired by the prevailing deciduous trees. Rooted in the gently sloping terrain, a lightweight roof is upheld by a subtle yet robust structure. The alternating single-slope roof provides visual interest, while also managing sunlight and shading. Interior spaces fluidly merge with the natural environment, dissolving the boundary between architecture and nature.

*Elevated Design & Gradation.*
Central to Oakhill's design concept is the utilization of the site's gentle slope to subtly elevate interior spaces, providing an expansive view that avoids a sense of confinement within the forest. This elevated perspective harmoniously blends the home with its natural surroundings, creating a seamless transition from the controlled, sleek indoor environment to the organic outdoors. The thoughtful design approach invites occupants to experience a gradual progression from the refined interior spaces, through the intermediate outdoor living areas and, ultimately, into the lush embrace of the forest. This gradation underscores the home's unique connection to its environment, fostering a sense of unity with nature.

*Programa.*
El diseño arquitectónico abarca un área de estar que se conecta tanto con espacios interiores como exteriores a través de amplios cristales, que se extienden hacia el dormitorio principal. Por la noche, las cortinas ofrecen privacidad y un ambiente acogedor. El diseño del paisaje sigue el gradiente natural del sitio, llevando a un segundo nivel con una hoguera al aire libre. Una piscina semienterrada, situada cerca de la casa para minimizar el impacto ambiental y la tala de árboles, crea un vínculo visual con el área de humedales.

*Program.*
The architectural layout encompasses a living area that connects to both indoor and outdoor spaces through expansive glazed glass, extending towards the master bedroom. In the evening, curtains offer privacy and a cozy ambiance. The landscape design follows the site's natural gradient, leading to a second level featuring an outdoor fire pit. A semi-inground pool, situated close to the house to minimize environmental impact and tree removal, creates a visual link with the wetland area.

# PINE LANE HOUSE

Saugerties, New York, USA // Architect: Ballman Khapalova // Structural Engineer: Thornton Tomasetti // Photo credit: Ballman Khapalova

Ballman Khapalova presenta con orgullo la Casa Pine Lane, una renovación de una casa de campo de los años 80 que incluyó una adición de 300 pies cuadrados, un nuevo techo, revestimiento exterior de madera nuevo y una nueva terraza. Todos los sistemas mecánicos también fueron actualizados, y se agregaron nuevas ventanas alineadas con las existentes para maximizar todas las aberturas posibles, manteniendo los costos bajos.

La adición al piso principal alinea la entrada con el centro de la casa, mientras que traslada el espacio social interior más cerca de los árboles existentes hacia el oeste. La nueva terraza abraza los árboles y se encuentra bajo sus dosel. Una barandilla de acero personalizada se integra con un riel de madera que continúa el ritmo y el material de la fachada de la casa. Un jacuzzi circular proporciona un punto final a la terraza, manteniendo una vista profunda de toda la propiedad, lo que otorga una calidad escultural inesperada al volumen de la construcción.

El interior original era oscuro e introvertido, por lo que el objetivo de la renovación fue iluminar las habitaciones, al tiempo que conectar el interior y el exterior. La vida en la nueva casa se ve realzada por la experiencia del entorno circundante, con cada habitación conectada al sitio de una manera única.

El pasillo interno se acortó al crear una suite principal con una ventana que da al jardín al este de la casa. La cama personalizada estructura el espacio dentro de la suite principal, manteniendo la privacidad y el orden en la zona de dormir, y la apertura y la fluidez en las áreas de trabajo y vestidor.

La cocina, el comedor y los espacios de estar están abiertos para crear un gran espacio social flexible que está visualmente conectado con las principales características de la propiedad, como el gran árbol al oeste y la línea de árboles al sur. El diseño para un salpicadero de azulejos personalizado en la encimera de la cocina se originó como una interpretación de los estudios del plano de planta realizados durante el proceso de diseño.

Ballman Khapalova proudly reveals Pine Lane House, a renovation of a 1980's ranch house that included a 300 square foot addition, a new roof, new wood exterior siding, and a new deck. All mechanical systems were also upgraded, and new windows were added and aligned with existing windows to maximize all possible openings, while keeping costs low.

The addition to the main floor aligns the entry with the center of the house, while moving the interior social space closer to the existing trees to the west. The new deck hugs the trees and is nestled underneath their canopies. A custom steel railing is integrated with a wood rail that continues the rhythm and material of the house façade. A circular hot tub provides a termination to the deck, while maintaining a deep view of the whole property, which lends an unexpected sculptural quality to the otherwise simple building volume.

The original interior was dark and introverted, so the goal for the renovation was to brighten the rooms, while connecting the inside and outside. Life in the new house is enhanced by the experience of the surrounding environment, with each room connecting to the site in a unique way.

The internal hallway was shortened by creating a main bedroom suite with a window looking onto the garden at the east of the house. The custom bed structures the space within the main suite, maintaining privacy and tidiness in the sleeping area, and openness and fluidity in the working and dressing areas.

The kitchen, dining, and living spaces are open to create a large flexible social space that is visually connected to the main features of the property, such as the large tree to the west, and the tree line to the south. The pattern for a custom tile backsplash at the kitchen counter originated as an interpretation of floor plan studies carried out during the design process.

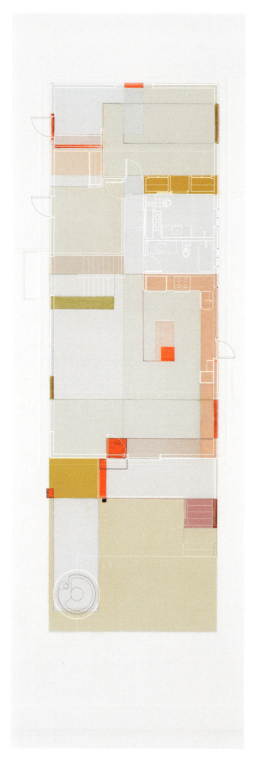

Floor plan

# EVERDEN RESIDENCE

Toronto, Canada // Architect: StudioAC // StudioAC Team: Madeline Planer, Shasha Wang, Jonathan Miura, Audrey Liang, Jennifer Kudlats, Andrew Hill // Structural Engineering: Blackwell Structural Engineers // Construction Management: Whitaker Construction // Photos: Doublespace Photography // Plans photo credit: StudioAC

StudioAC presenta Everden, su nueva construcción de una residencia unifamiliar. El objetivo era crear un hogar que se sintiera único y personal para los propietarios, inequívocamente contemporáneo, pero aún con referencias a las ideas tradicionales de "casa". Lo que siguió fue una forma de tres pisos, que se lee como cajas apiladas, llevando el motivo de "casa" a lo largo del interior.

Si bien un techo a dos aguas es uno de los iconos quintesenciales de "casa", el estudio estaba interesado en elevar este fenómeno más allá del motivo a una experiencia espacial que definiera una narrativa a lo largo del proyecto. Un espacio a dos aguas en el Nivel 3 se relaciona con la línea del techo, sin embargo, se tomó la decisión de que la planta baja, a menudo relegada a un espacio cúbico, también debería tener una extrusión a dos aguas para mejorar el sentido de 'casa' en los espacios de vida compartidos. Esto combinó una dirección planométrica y material que enfatizaría un apilamiento y escalonamiento tridimensional que juega con la definición entre forma, espacio y motivo.

La casa Everden coloca gran parte de su énfasis en la experiencia del espacio, permitiendo flexibilidad con la expresión material. Este enfoque fue fundamental para trabajar con la estrategia presupuestaria y la tesis de los clientes: crear un proyecto que sea impactante sin ser indulgente. La casa cuenta con un revestimiento exterior de metal corrugado, duradero, asequible y familiar. El material se eleva a través del detallado preciso de niveles y parapetos para crear la ilusión de cajas apiladas. De manera similar, el interior se centra en un movimiento crítico: el paisaje del techo inclinado. Esto permitió que otros detalles se volvieran secundarios y, al hacerlo, más económicos.

StudioAC introduces Everden, its new build construction of a single family residence. The brief was to create a home that felt unique and personal to the homeowners, unapologetically contemporary, while still having cues to the traditional ideas of "house". What followed was a three story form, reading as stacked boxes, carrying the motif of "house" throughout the interior.

While a gabled roof is one of the quintessential icons of "house", the Studio was interested in elevating this phenomenon beyond motif to a spatial experience that defined a narrative throughout the project. A gabled space on Level 3 relates to the roofline, however a decision was made that the ground floor, often relegated to cubic space, should be provided with a gable extrusion as well to enhance the sense of 'house' across the shared living spaces. This combined a planometric and material direction that would emphasize a three-dimensional stacking and staggering that plays with the definition between form, space, and motif.

The Everden house places much of its emphasis on experience of space, allowing for flexibility with material expression. This approach was integral to working with the clients budget strategy and thesis: to create a project that is impactful without being indulgent. The house features an exterior cladding of corrugated metal - durable, affordable, and familiar. The material is elevated through the precise detailing of levels and parapets to create the illusion of stacked boxes. Similarly, the interior focuses on one critical move: the peaked ceiling scape. This allowed other details to become secondary and, in doing so, more cost effective.

Model A

Model B

Section

Site Plan

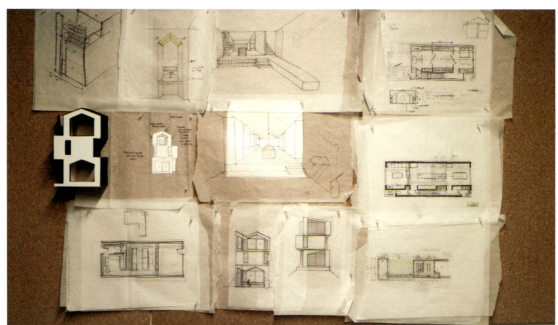

Process Sketches

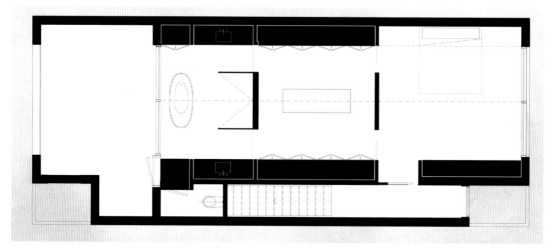

Level 3

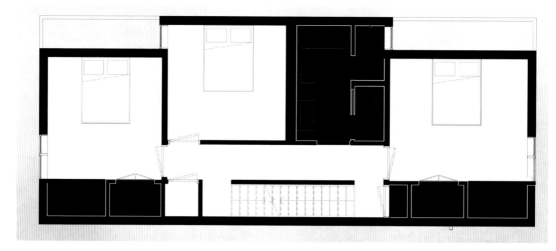

Level 2

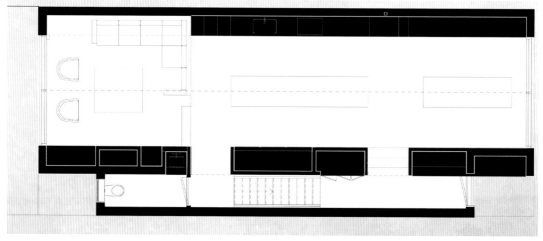

Level 1

# SCHNEE-EULE

Morin-Heights, Québec, Canada // Architect: Atelier L'Abri // Construction: Invesco Habitation // Project Team: Pia Victoria Hocheneder, Nicolas Lapierre, Vincent Pasquier, Francis Martel-Labrecque // Suppliers: Inat, Fabelta, Mac Metal, Maibec, Bois Mirage, Luminaire Authentik // Photographer: Raphaël Thibodeau

Ubicado en el bosque, fuera del pueblo de Morin-Heights, Quebec, y diseñado para una familia de cuatro, el chalet Schnee-Eule permite a sus ocupantes escapar de la ciudad para disfrutar de la calma de la naturaleza.

El lenguaje de diseño del edificio está inspirado en la arquitectura alpina austriaca, una inspiración que también se refleja en el nombre del proyecto. Schnee-Eule es la palabra alemana para el búho nival, un ave rapaz blanca que está especialmente adaptada al invierno.

Durante el desarrollo del concepto, se dio gran importancia a la compacidad del plano cuadrado, que limita la huella de la construcción. El volumen vertical alberga los dormitorios del piso superior en las copas de los árboles.

Con las actividades al aire libre en el centro de la vida familiar, se ha equipado una sala de equipo en el piso inferior para proporcionar acceso directo a senderos de esquí de fondo y ciclismo de montaña. Una amplia terraza y una veranda con pantalla miran hacia el sur para permitir una transición suave entre los espacios interiores y el exterior.

El revestimiento de madera blanca, instalado verticalmente, camufla el proyecto en el paisaje invernal. Sus subdivisiones horizontales recuerdan a las cabañas alpinas tradicionales, al igual que el techo a dos aguas con sus amplios voladizos. El interior se caracteriza por una atmósfera tranquila y cálida, con grandes ventanales que dan paso a la contemplación de la naturaleza y a los juegos de luz. Con una estufa de leña en su corazón, la sala de estar invita a la relajación. Pequeños momentos completan el cuadro, incluido un rincón de lectura en el dormitorio principal.

Únicos, y específicamente diseñados para la casa, los muebles fueron diseñados y hechos a mano por Inat, un carpintero con sede en Montreal.

Located in the forest, outside of the village of Morin-Heights, Quebec, and designed for a family of four, the Schnee-Eule chalet allows its occupants to escape from the city to enjoy the calm of nature.

The design language of the building is borrowed from Austrian Alpine architecture, an inspiration that also lends itself to the project's name. Schnee-Eule is the German word for the snowy owl, a white bird of prey that is particularly well adapted to winter.

During concept development, great importance was given to the compactness of the square plan, which limits the footprint of the construction. The vertical volume nests the upper floor bedrooms in the treetops.

With outdoor activities at the heart of the family's life, a gear-room has been fitted out on the lower floor to provide direct access to cross-country skiing and mountain biking trails. A spacious terrace and screened veranda face south to allow for a smooth transition between the living spaces and the outside.

The white wood cladding, installed vertically, camouflages the project in the winter landscape. Its horizontal subdivisions are reminiscent of traditional alpine huts, as is the double-pitched roof with its large overhangs. The interior is characterized by a calm and warm atmosphere, with large bay windows giving way to the contemplation of nature and plays of light. With a woodstove at its heart, the living area invites relaxation. Small moments complete the picture, including a reading nook in the master bedroom.

Unique, and specifically made for the house, the furniture was designed and handmade by Inat, a Montreal-based woodworker.

# FAROUCHE TREMBLANT

Lac-Supérieur, Québec, Canada // Architecture: Atelier L'Abri // Project: Farouche Tremblant // Client: Farouche Tremblant // Construction: Construction Pascal Rondeau // Engineering : Alte Coop // Project Team: Stefania Praf, Charles-Édouard Dorion, Vincent Pasquier, Nicolas Lapierre, Francis Martel-Labrecque // Products: Lepage Millwork, Vicwest, Scierie Armand Duhamel & Fils, Entrepôt du Cèdre //
Photographer: Raphaël Thibodeau

Ubicado en el Parque Nacional Mont-Tremblant, y enclavado dentro del valle del Río Diablo, el sitio de agroturismo Farouche ofrece un concepto singular y único para la región de Laurentides en Quebec. Aprovechando al máximo las cualidades naturales y salvajes del territorio de casi cien acres, el proyecto combina una granja nórdica, un café-bar, micro-refugios de cuatro estaciones y un campamento base al aire libre.

En el lado norte del Chemin du Lac-Supérieur, un granero sirve como sede para las actividades de la granja. La ruta que lleva a la pequeña huerta orgánica pasa por los invernaderos de túneles, los campos de flores y las tierras en barbecho. Los senderos para caminatas comienzan detrás del edificio agrícola y permiten a los visitantes del sitio de Farouche explorar las montañas del valle del Diablo.

En el lado del río, al sur de la carretera, el café está en el corazón de las actividades ofrecidas en el sitio. Se ingresa a este acogedor edificio a través del pequeño mercado, que ofrece a los visitantes productos estacionales de la huerta de Farouche, así como otros productos como quesos, cervezas y vinos de productores locales. El área de comedor y su cocina ofrecen a los visitantes y huéspedes de las cabañas la oportunidad de degustar comidas de la producción de la granja. El salón del café se abre hacia el río: sus grandes ventanas orientadas al oeste ofrecen vistas únicas del Mont-Tremblant y puestas de sol detrás de las cumbres de Laurentian. En su centro, el fuego de la estufa de leña invita a los clientes a reunirse y observar la silueta siempre cambiante de la naturaleza. Anidado en el techo de la catedral, un espacio de entrepiso ofrece una sala de estar tranquila y retirada. La materialidad del edificio es sobria; los techos de acero de color carbón y el revestimiento de abeto natural recuerdan a los edificios de granja vernáculos.

El campamento de micro-cabañas de tejas de cedro se encuentra al sur del café. Organizadas orgánicamente y conectadas por un sendero sinuoso, las cuatro pequeñas cabañas en forma de A contienen cada una una cama king, un sofá y una estufa de gas dentro de su plano compacto. Minimalistas en su esencia, los edificios se funden en el paisaje y permiten a los huéspedes sumergirse completamente en la belleza salvaje del Río Diablo.

El proyecto Farouche fue documentado por el fotógrafo Raphaël Thibodeau durante un período de veinticuatro horas para capturar la evolución del sitio, desde el amanecer sobre el río, hasta la observación nocturna de las cabañas iluminadas por la luz de la luna.

Set against Mont-Tremblant National Park, and nestled within the Devil's River valley, the Farouche agrotourism site offers a singular and unique concept for the Laurentians region of Quebec. Making the most of the natural and untamed qualities of the territory of almost one hundred acres, the project combines a Nordic farm, a café-bar, four-season micro-refuges, and an outdoor basecamp.

On the north side of Chemin du Lac-Supérieur, a barn serves as the headquarters for the farm activities. The route that leads to the small organic vegetable farm goes through the tunnel greenhouses, flower fields, and fallow land. The hiking trails begin behind the agricultural building and allow visitors of the Farouche site to explore the mountains of the Devil's valley.

On the river side, to the south of the road, the café is at the heart of the activities offered on the site. One enters this welcoming building through the small market, which offers visitors seasonal products from the Farouche vegetable farm, as well as other goods such as cheeses, beers, and wines from local producers. The dining area and its kitchen offer passing visitors and cabin guests the opportunity to taste meals from the farm's production. The café lounge opens towards the river: its large west-facing windows offering unique views of Mont-Tremblant and sunsets behind the Laurentian mountaintops. At its center, the wood stove's fire invites patrons to gather together and observe the ever-changing silhouette of nature. Nestled in the cathedral roof, a mezzanine space offers a quiet, set back living room. The building's materiality is sober; the charcoal-colored steel roofs and the natural hemlock siding are reminiscent of vernacular farm buildings.

The cedar shingle micro-cabins camp stands south of the café. Organized organically and connected by a winding path, the four small A-frame shelters each contain a king bed, a sofa, and a gas stove within their compact plan. Minimalist in essence, the buildings recede in the landscape and allow guests to fully immerse in the wild beauty of the Devil's River.

The Farouche project was documented by photographer Raphaël Thibodeau over a twenty-four-hour period in order to capture the evolution of the site, from the sunrise over the river, to the nocturnal observation of the cabins illuminated by the moonlight.

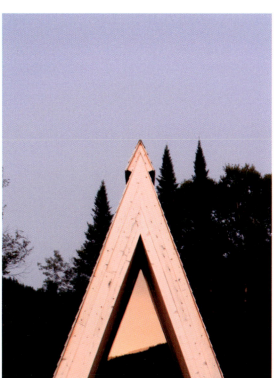

# VIRGIN VINEYARD HOUSE

North Hatley, Canada // Architect: LAMAS Architecture Ltd // Project Team: Vivian Lee (Architect), James Macgillivray (Architect), Andrea Rodriguez Fos (Project Manager) // Interior Design: LAMAS Architecture Ltd // Landscape: Paysage Lambert, and Oscar Hache // Photographer: Felix Michaud // Structural & Civil Engineer: Eric St George Structures et Civile // Mechanical Engineer: Genecor.com // Contractor: Construction Yves Lessard // Millwork: Ebénisterie Renova

Ubicada entre un antiguo camino de troncos y un viñedo en funcionamiento en la ladera de una colina, la Casa Virgin Vineyard toma su nombre de una granja cuyas ruinas alguna vez se alzaron sobre el terreno. El cliente estaba interesado en construir una nueva residencia en la tierra, con una mínima perturbación para el viñedo, que capturara vistas panorámicas del lago Massawippi en los Cantones del Este de Quebec. El nuevo edificio albergará al cliente y proporcionará la capacidad para que pueda envejecer en el lugar, así como para dar cabida a la creciente familia de su hija.

El diseño del proyecto se inspira en la prevalencia de muros de piedra en el paisaje agrícola local. Las piedras reunidas comienzan como una característica del paisaje que separa la casa de la carretera, terminando finalmente formando el muro norte del edificio. El elemento arquitectónico es solo una característica secundaria que se adhiere a este muro de piedra, protegiendo los espacios habitables de la carretera, los vientos del norte y ocultándolos discretamente en la ladera de la colina. La longitud del muro actúa como una secuencia a lo largo de la casa, marcada por eventos compositivos de ventana, chimenea, entrada y patio. El lado sur de esta residencia lineal y larga está abierto a vistas del lago y del viñedo bajo un gran voladizo protector.

Esta casa de 155 pies de largo organiza convenientemente los dormitorios privados en cada extremo, mientras que los espacios de reunión central se congregan en el medio de la casa lineal. Las paredes que dividen cada habitación están giradas intencionalmente para tener vistas hacia el lago. Este simple giro geométrico crea una relación oblicua entre las habitaciones y la línea de la cumbrera del techo, haciendo que las habitaciones se sientan como cobertizos privados, cada uno con su volumen único dirigido hacia el lago. En planta, las habitaciones están dispuestas en una formación de dientes de sierra, creando recesos de espacios semiprivados bajo el gran voladizo del techo para contemplar la vista. Dentro de este edificio aparentemente simple se encuentran dos grandes vacíos, uno siendo un patio que enmarca el ángulo del camino de troncos, y el otro una terraza en la azotea con vista a la totalidad del viñedo.

Situated between an old logging road and a working hillside vineyard, the Virgin Vineyard House derives its name from a farm whose ruins once stood above the site. The client was interested in building a new residence on the land, with minimal disturbance to the vineyard, that would capture views overlooking Lake Massawippi in Quebec's Eastern Townships. The new building will house the client and provide the ability for her to age in place, as well as to accommodate her daughter's growing family.

The design of the project draws inspiration from the prevalence of fieldstone walls in the local agricultural landscape. Gathered stones start as a landscape feature separating the house from the road, ultimately comprising the north wall of the building. The architectural element is but a secondary feature clipped on to this stone wall, sheltering the living spaces from the road, the northerly winds, and discreetly tucking them into the hillside. The length of the wall enacts the sequence throughout the house, punctuated as it is by compositional events of window, chimney, entry, and courtyard. The south side of this long linear residence is open to lake and vineyard views under a large protective overhang.

This 155' long house conveniently organizes the private bedrooms at either end, while the central gathering spaces convene in the middle of the linear house. The walls dividing each room are purposefully rotated for views facing the lake. This simple geometrical twist creates an oblique relationship between the rooms and the roof ridge line, making the rooms feel like private sheds, each with its unique volume directed towards the lake. In plan, the rooms are arranged in a sawtooth formation, creating recesses of semi private spaces under the large roof overhang to contemplate the view. Within this seemingly simple building are two large voids, one being a courtyard framing the angle of the logging road, and the other a roof deck overlooking the entirety of the vineyard.

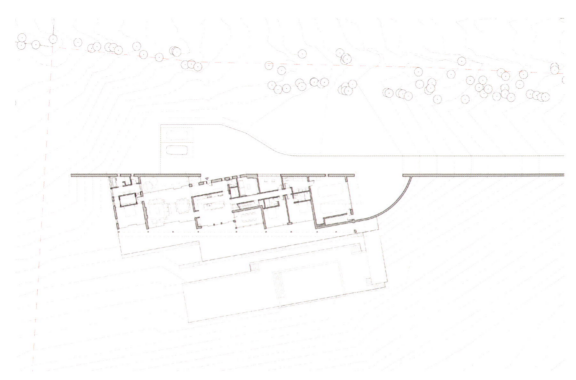

Site plan

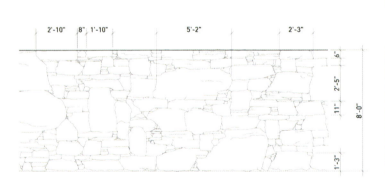

Exterior elevations

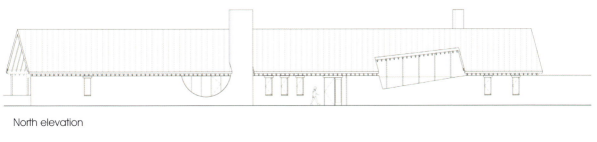

North elevation

South elevation

La construcción en madera fue de interés para mantener la energía incorporada y la huella de carbono baja, pero también para permitir un sobre bien aislado. Más allá del aspecto ambiental, la madera, el revestimiento de abeto, la piedra e incluso los sistemas de acristalamiento de alto rendimiento fueron todos adquiridos localmente en Quebec. Incluso la calefacción geotérmica proveniente de fuentes subterráneas no fue simplemente una elección de sistemas "de rigor", sino más bien un elemento particularmente ventajoso en Quebec, donde la abundante electricidad municipal libre de carbono puede alimentar las bombas de calor. En la mente de los arquitectos, la conexión con el lugar a través de los materiales y la artesanía, así como las formas tradicionales de arquitectura quebequense, era primordial. El propietario actualmente está trabajando con un horticultor local para plantar flora autóctona y apoyar el hábitat natural del sitio.

Wood construction was of interest in order to keep the embodied energy and carbon footprint down, but also to allow for a well-insulated envelope. Beyond the environmental aspect, the lumber, hemlock cladding, stone, and even the high performance glazing systems were all locally procured in Quebec. Even the geothermal ground source heating was not just a "de rigeur" systems choice, but rather a particularly advantageous element in Quebec, where plentiful carbon-free municipal electricity can power the heat pumps. Foremost in the architects' minds was this connection to the location through materials and craft, as well as traditional forms of Quebec architecture. The owner is currently working with a local horticulturalist to plant indigenous flora to support the natural habitat of the site.

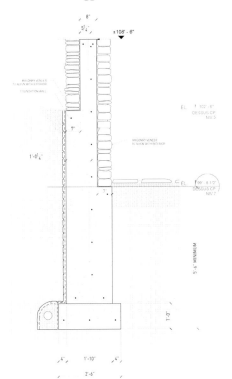

Concrete wall with stone veneer

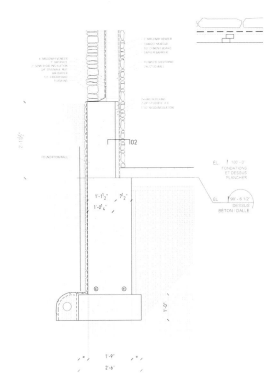

Stud wall with insulation and exterior and interior stone veneer

El edificio tiene como objetivo elucidar una relación entre un muro de piedra y la tectónica de la madera. Aparte del muro de piedra altamente aislado en el lado norte, la mayoría de los materiales de construcción son de madera. Para la parte principal de la casa, esto se refiere a una estructura de madera ligera, ya sea con montantes, madera laminada o viguetas profundas. Sin embargo, en la fachada sur, la madera se emplea estructuralmente en los montantes del sistema de acristalamiento de madera, un sobre altamente performante con triple acristalamiento en todo el edificio.

The building is meant to elucidate a relationship between a stone wall and wood tectonics. Aside from the heavily insulated stone wall on the north side, the majority of the construction materials are wood. For the main part of the house, this refers to light wood framing, either with studs, engineered lumber, or deep joists. On the south facade, however, wood is employed structurally in the mullions of the wood glazing system, a highly performative envelope with triple glazing throughout.

Landscape stone wall

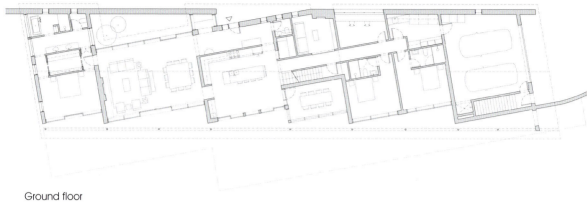

Ground floor

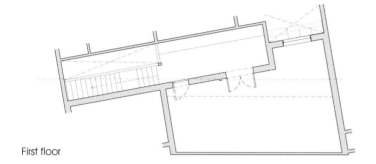

First floor

# KANATA CABIN

Mont-Tremblant, Canada // Architecture: Atelier L'Abri // Project: Kanata Cabin // Client: Chalet La Niche // Project team: Charles-Édouard Dorion, Vincent Pasquier, Nicolas Lapierre, Francis Martel-Labrecque // Contractor: Hubert Construction // Engineers: Structure Chêne et Roseau inc. // Photography: Raphaël Thibodeau

Atelier L'Abri presenta la Cabaña Kanata, una casa revestida de plata distinguida por su simplicidad y elegancia en medio de las colinas boscosas de los Laurentides canadienses.

Nacida del deseo del cliente de construir una cabaña de alquiler apta para mascotas en Mont Tremblant, esta pequeña vivienda combina funcionalidad y minimalismo dentro de una huella de construcción ultra compacta. Cariñosamente nombrada 'La Niche' por sus propietarios, las formas algo ingenuas de la vivienda evocan la imagen de una caseta para perros en el paisaje.

Con una modesta superficie de 650 pies cuadrados dentro de su planta cuadrada, la cabaña de un dormitorio incluye un porche con mosquitero, un espacio de estar y cocina eficiente, y una bañera de hidromasaje exterior. Estéticamente, la cabaña expresa simplicidad a través de su techo de tipo cabaña vernácula y una distintiva puerta arqueada que enmarca directamente vistas del Bosque Boreal. Aunque espacialmente pequeña, el alto techo de la cabaña, los espacios de estar naturalmente iluminados y las amplias vistas del entorno contribuyen a su sensación de grandeza. El revestimiento de madera de color plateado, interrumpido por baguettes verticales, envuelve el exterior del edificio mínimamente adornado. Con el tiempo, las tablas de madera se irán desgastando lentamente, permitiendo que la casa se integre con los árboles caducifolios y refuerce su relación armónica con el medio ambiente.

Formalmente, el volumen del edificio es un homenaje a la naturaleza apta para mascotas de la cabaña de alquiler. Este gesto humilde pero juguetón continúa en los detalles interiores de la casa. Un pequeño rincón arqueado integrado en los armarios de la isla de la cocina proporciona un espacio acogedor para que tanto los visitantes como sus mascotas disfruten de su escapada.

Atelier L'Abri presents Kanata Cabin, a silver-clad house distinguished by its simplicity and elegance amidst the forested hills of the Canadian Laurentians.

Born from the client's desire to build a pet-friendly rental cottage in Mont Tremblant, this tiny home marries functionality and minimalism within an ultra-compact building footprint. Affectionately named 'La Niche' by its owners, the dwelling's somewhat naive shapes evoke the image of a doghouse in the landscape.

Housing a modest 650ft$^2$ within its square-shaped plan, the single-bedroom cottage includes a screened porch, an efficient living and kitchen space, and an exterior hot tub. Aesthetically, the cabin expresses simplicity through its vernacular gable-shaped roof and distinctive arched doorway that directly frames sights of the Boreal Forest. While spatially small, the cottage's high cathedral ceiling, naturally lit living spaces, and sweeping views of the surroundings lend to its feeling of grandeur. Silver-colored wood cladding, interrupted by vertical baguettes, wraps around the building's minimally adorned exterior. Over time, the wood planks will slowly weather, allowing the house to blend in with the deciduous trees and reinforcing its harmonious relationship with its environment.

Formally, the building's volume is a nod to the pet-friendly nature of the rental cottage. This humble yet playful gesture continues in the interior details of the house. An integrated small arched nook in the kitchen island cabinetry provides a cozy space for both visitors and their pets to enjoy their getaway.

Aunque se realizó con un presupuesto asequible, las paredes exteriores de la pequeña estructura están construidas con montantes de 2x8 para lograr niveles de rendimiento superiores a las construcciones estándar. Este detalle de armazón permite el uso de fibra de celulosa reciclada de origen biológico como material de aislamiento primario, reduciendo la huella de carbono del edificio. Por último, la casita está construida sobre una losa estructural, lo que reduce costos, tiempo de construcción, materiales, volumen de hormigón y la huella de carbono general. Estas soluciones rentables para promover mejores prácticas en el entorno construido son integrales al enfoque de Atelier L'Abri y su compromiso continuo de explorar formas fácilmente disponibles de construir edificios más sostenibles.

Con su plano hiper-optimizado, simplicidad arquitectónica y detalles interiores refinados, el proyecto de la Cabaña Kanata ofrece una experiencia verdaderamente única que se integra perfectamente con el entorno y satisface a sus diversos usuarios. El proyecto forma parte del sitio Kanata Tremblant, una finca de 3,000 acres en el corazón de la naturaleza. Los visitantes de la cabaña pueden usarla como base para explorar la región de Mont Tremblant, descubrir sus paisajes pintorescos, participar en actividades al aire libre y disfrutar de la vibrante cultura local.

While realized on an affordable budget, the small structure's exterior walls are constructed using 2x8 studs to achieve performance levels higher than standard constructions. This framing detail enables the use of bio-sourced recycled cellulose fiber as the primary insulation material, reducing the building's carbon footprint. Lastly, the tiny house is built on a structural slab, reducing costs, construction time, materials, concrete volume, and overall carbon footprint. These cost-effective solutions to promote better practices in the built environment are integral to Atelier L'Abri's approach and ongoing commitment to exploring readily available ways to construct more sustainable buildings.

With its hyper-optimized plan, architectural simplicity, and refined interior details, the Kanata Cabin project offers a truly unique experience that seamlessly integrates with the environment and caters to its diverse users. The project is part of the Kanata Tremblant site, a 3,000-acre estate in the heart of nature. Visitors to the cabin can use it as a basecamp to explore the Mont Tremblant region, discover its picturesque landscapes, engage in outdoor activities, and enjoy the vibrant local culture.

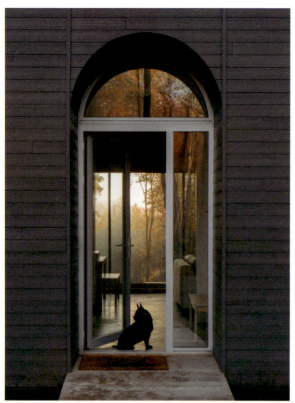

# EMIGRATION CREEK RESIDENCE

Salt Lake City, United States  //  Architect of Record: Sparano + Mooney Architecture  //  Designer: John Sparano, FAIA; Anne Mooney, FAIA, LEED AP; Nate King, AIA; Seth Striefel, RA  //  Builder: Living Home Construction  // Structural Engineer: Wright Engineers  //  Interior Designer: Natasha Wallis Design  //  Landscape Subcontractor: Earthology  //  Deconstructive Demolition: Smart Demolition (Daniel Salmon)  //  Geotechnical Consultant: Gordon Geotechnical Engineering  //  Photo credit: Matt Winquist Photography

---

Sparano + Mooney Architecture es buscada por su exploración ilimitada y su profundo compromiso con el proceso iterativo, un enfoque creativo que ha dado como resultado soluciones de diseño contemporáneo innovadoras y galardonadas en todo el oeste americano. Para los fundadores Anne Mooney, FAIA, LEED AP, y John Sparano, FAIA, una pasión compartida por diseñar dentro del áspero paisaje occidental ha resultado en obras a través de topografías extremas y diversos sectores, así como en múltiples escalas, especialmente en diseños emblemáticos para instalaciones artísticas y culturales y en impresionantes y sofisticadas comisiones residenciales.

La última residencia de la firma, ubicada en un tranquilo vecindario suburbano en la ladera este de la cordillera de las Montañas Wasatch, surgió de un deseo de vivir intencionalmente y de apoyar el envejecimiento en el lugar. El equipo buscó inspiración en dos prominentes características naturales del sitio, que tenían un gran potencial para integrar la arquitectura en el paisaje. La primera es Emigration Creek, de donde el proyecto toma su nombre, ubicada junto a la propiedad. El arroyo acoge a los ocupantes de la casa con el sonido del agua corriente durante todo el año, y la intención del diseño fue capturar este sonido y las vistas del arroyo a través de una configuración en forma de "L".

El cliente también tenía un gran interés en diseñar la casa para resistir cualquier actividad sísmica, lo cual es una consideración regional importante. De hecho, el sitio está ubicado directamente sobre la Falla de Wasatch, una zona sísmica activa y la segunda característica natural que ayudó a dar forma al diseño de esta casa, y la arquitectura y el sistema estructural fueron diseñados con esta volatilidad en mente. Por lo tanto, un claro cambio en el volumen que delimita los espacios públicos y privados a lo largo de este eje fue integrado en la casa como un reconocimiento a esta fuerza de la naturaleza. La falla se manifiesta estéticamente a través de la masa de la casa y, notablemente, el diseño estructural de la casa se elevó más allá de la categoría de una escuela o un hospital para que la residencia pudiera funcionar como un puerto seguro para la familia.

Sparano + Mooney Architecture is sought after for its limitless exploration of – and deep commitment to – the iterative process, a creative approach that has resulted in thoughtfully-innovative and award-winning contemporary design solutions throughout the American West. For founders Anne Mooney, FAIA, LEED AP, and John Sparano, FAIA, a shared passion for designing within the rugged western landscape has resulted in works across extreme topographies and many sectors, as well as at multiple scales, most notably landmark designs for arts and cultural facilities and stunning, sophisticated residential commissions.

The firm's latest residence, located in a quiet suburban neighborhood on the east bench of the Wasatch Mountain Range, emerged from a desire for intentional living, and to support aging in place. The team sought inspiration from two prominent natural features on the site, which held great potential to embed the architecture into the landscape. The first is Emigration Creek, from which the project draws its name, located adjacent to the property. The creek ingratiates the home's occupants with the sound of running water year-round, and the design intent was to capture this sound and views of the creek through an "L" scheme configuration.

The client also had a keen interest in designing the home to withstand any seismic activity, which is an important regional consideration. In fact, the site is located directly atop the Wasatch Fault – an active seismic zone and the second natural feature to help shape the design of this home – and the architecture and structural system were designed with this volatility in mind. A clear shift in the volume that delineates the public and private spaces along this axis was therefore integrated into the home as an acknowledgment of this force of nature. The fault is aesthetically manifested through the massing of the home and, notably, the structural design of the home was elevated to beyond the category of a school or hospital so that the residence could function as a safe harbor for the family.

La paleta de materiales cuidadosamente considerada para el exterior de la casa incluye hormigón formado verticalmente para la base y revestimiento de madera Kebony en lamas verticales por encima. Estas selecciones celebran intencionalmente las cualidades naturales crudas de los materiales, resaltan su belleza inherente y aseguran un proyecto de bajo mantenimiento. Además, el revestimiento de pino radiata termo modificado no contribuye a la deforestación, y la especie de rápido crecimiento fue seleccionada por su longevidad y capacidad para patinar y combinar con el concreto con el tiempo. Los elementos interiores, elaborados en colaboración con Natasha Wallis Interior Design, incluyen electrodomésticos de alta gama como un refrigerador, congelador y enfriador de vinos Sub-Zero, así como una cocina y hornos de pared Wolf. Obras de arte recopiladas de artistas emergentes y establecidos de Utah adornan las paredes tipo galería de la casa.

The home's carefully-considered exterior material palette includes vertical board-formed concrete for the base and vertical Kebony wood rainscreen cladding above. These selections intentionally celebrate the materials' raw natural qualities, highlight their inherent beauty, and ensure a low-maintenance project. Furthermore, the thermally-modified radiata pine cladding does not contribute to deforestation, and the rapid-growth species was selected for its longevity and ability to patina and match the concrete over time. Interior elements, crafted in collaboration with Natasha Wallis Interior Design, include high-end appliances such as a Sub-Zero refrigerator, freezer, and wine cooler, as well as a Wolf cooktop and wall ovens in the kitchen. Artwork collected from emerging and established Utah artists adorns the home's gallery-like walls.

Para los propietarios era importante hacer un esfuerzo por ser lo más sostenibles posible, y las estrategias de diseño pasivo integradas en la casa han llevado a una reducción del 80% en el consumo de energía y del 55% en el consumo de agua en comparación con los estándares de referencia. La casa incluye una matriz fotovoltaica de 10.6 kWh, diseñada para expandirse en caso de que aumenten las necesidades de energía de los propietarios, y dos Powerwalls de Tesla en el garaje. Un banco de agua en el sitio de 160 galones proporciona agua potable durante cualquier interrupción potencial en el suministro de agua municipal. Además, la orientación y la fenestración de la casa aseguran que la vivienda esté bañada en luz natural durante todo el año, al tiempo que se minimiza el uso de energía estacional. La casa se beneficia de la ventilación natural del sitio a través de aberturas operables en ubicaciones clave, reduciendo así la necesidad de calefacción/refrigeración mecánica y aumentando la calidad del aire interior.

De manera única, se utilizó el método de demolición deconstructiva para desmontar una estructura existente en la propiedad, y los materiales de construcción recuperados se reutilizaron en la creación de esta casa. El plano de planta flexible fomenta la habitabilidad a largo plazo de la residencia. El nivel inferior puede separarse del nivel principal para adaptarse a futuras necesidades del programa. Los arquitectos trabajaron con el cliente para diseñar su casa teniendo en cuenta cómo envejecería estéticamente y continuaría evolucionando, al igual que las personas que vivirían en ella. Los clientes ahora han ocupado su hogar durante todas las estaciones y reportan una gran sensación de bienestar gracias a las señales audibles y visuales de la naturaleza, así como al diseño pasivo de la casa. En reconocimiento a la excelencia en el diseño del proyecto, se le otorgó el Premio de Honor AIA Utah 2022.

Important to the homeowners was an effort to be as sustainable as possible, and the passive design strategies integrated into the home have led to an 80% energy reduction and 55% water reduction from benchmark/baseline. The home includes a 10.6kWh photovoltaic array – designed to expand should the owners' power needs increase – and two Tesla Powerwalls in the garage. A 160-gallon on-site water bank provides potable water during any potential interruptions to the municipal water supply. Additionally, the home's orientation and fenestration ensure that the home is bathed in natural light year-round, while minimizing seasonal energy use. The home benefits from natural site ventilation through operable openings at key locations, thereby reducing the need for mechanical heating/cooling and increasing indoor air quality.

Uniquely, the method of deconstructive demolition was used to disassemble an existing structure on the property, and the salvaged building materials were re-used in the creation of this home. The flexible floorplan encourages long-term inhabitation of the residence. The lower level can be separated from the main level to accommodate future adaptability in the program. The architects worked with the client to design their home with a consideration of how it would age aesthetically and continue to evolve, just as the people living in the home will develop. The clients have now occupied their home through each season and report a great sense of well-being from the audible and visual cues of nature, as well as the home's passive design. In recognition of the project's design excellence, it was granted the 2022 AIA Utah Honor Award.

# INDIGO TANJA & JOS

Barchem, the Netherlands // Architect: Daniël Venneman, Woonpioniers // Energy Plan: Ron Stet // Installations: Hans Woestenenk // Interior: Gijs Blind // Photography: Henny van Belkom

Con Indigo, Woonpioniers tiene como objetivo hacer que la arquitectura personal y una forma saludable de construir sean accesibles para un amplio público. Gracias a un óptimo juego entre diseño, construcción y uso de materiales, Indigo combina la libertad de diseño con un proceso de construcción rápido y un impacto ambiental mínimo. Cada hogar Indigo consta de elementos prefabricados separados que se ensamblan en el sitio. Estos elementos se caracterizan por una curvatura resistente al momento que no solo permite una disposición libre del plano de la planta, sino que al mismo tiempo produce una hermosa línea curva entre la pared y el techo. El tamaño y la inclinación del techo de los elementos mismos también pueden ajustarse dentro de ciertos márgenes. Los elementos están hechos de vigas de madera laminada y rellenos con celulosa, un material de aislamiento de origen biológico. Son posibles numerosas opciones para el acabado del techo, la fachada y el interior. El dimensionamiento flexible de los elementos y la disposición libre del plano de la planta significa que podemos responder perfectamente a las necesidades individuales y a los factores ambientales. Y aunque a menudo incluimos el diseño interior para nuestros clientes, Indigo, como un "casco" a prueba de viento y agua, es muy adecuado para ser terminado por bricolaje. Notamos una creciente necesidad en este sentido: a muchas personas les gusta contribuir significativamente en su propio hogar y, al hacerlo, también ahorrar un poco en costos.

Dentro de cada proceso de diseño, elaboramos los contornos de un plan energético en una etapa temprana, para que podamos encontrar integralmente un equilibrio óptimo entre intervenciones pasivas y tecnología inteligente.

With Indigo, Woonpioniers aims to make personal architecture and a healthy way of building accessible to a wide audience. Thanks to an optimal interplay between design, construction and use of materials, Indigo combines design freedom with a quick building process and minimal environmental impact. Every Indigo home consists of separate, prefabricated elements that are assembled on site. These elements are characterized by a "moment resisting" bend that not only allows for a free layout of the floor plan, but at the same time yields a beautiful, curved line between wall and roof. The size and roof inclination of the elements themselves can, within certain margins, also be adjusted. The elements are made of beams from laminated wood and filled with cellulose, a bio based insulation material. Numerous options are possible for finishing the roof, facade and interior. The flexible dimensioning of the elements and the free layout of the floor plan means we can respond perfectly to individual needs and environmental factors. And although we often include the interior design for our customers, Indigo, as a windproof and watertight "hull", is very suitable to be finished DIY. We notice a growing need in this regard: many people like to make a meaningful contribution to their own home and by doing so save a little on costs as well.

Within each design process, we draw up the contours of an energy plan at an early stage, so that we can integrally find an optimal balance between passive interventions and smart technology.

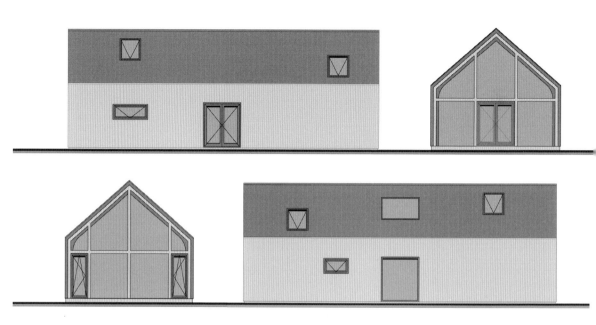

Front, sides and back view

Layout ground floor incl garage + cross-section

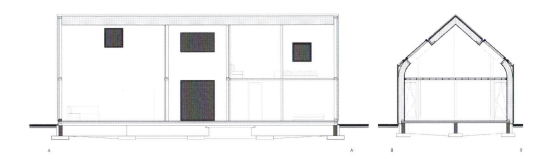

Layout ground floor incl garage + cross-section

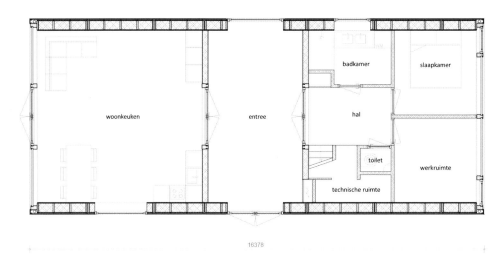

Layout ground floor incl garage + cross-section 1

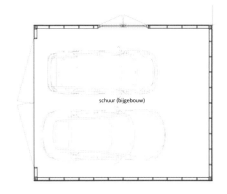

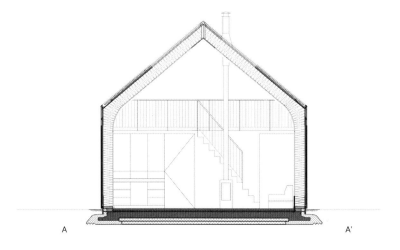

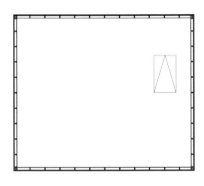

Layout ground floor incl garage + cross-section 2

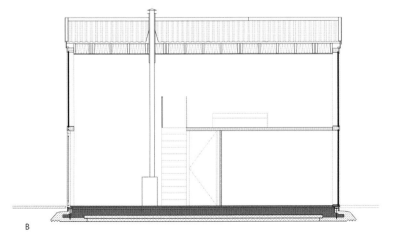

La casa tiene una distribución espacial ingeniosa: el área de estar y "la casa de dormir" en la parte trasera están separadas por un espacioso pasillo donde Tanja y Jos pueden organizar eventos acogedores: conferencias y conciertos íntimos, por ejemplo. Esta zonificación también proporciona zonas climáticas separadas de manera inteligente. No puedes verlo, pero la base de esta casa está compuesta por vigas de hormigón prefabricadas y bloques de pilares que se colocan sobre el suelo arenoso subyacente. De esta manera, la casa, que se encuentra en terreno arrendado, no deja rastro alguno en caso de ser retirada. Además, el piso inferior está aislado solo en los bordes, de modo que se aprovecha la masa térmica del suelo bajo la casa. Esto proporciona una capacidad de enfriamiento adicional en verano y suaviza la curva de calor en invierno, debido a la capacidad de almacenamiento del calor de la arena. Este es un buen ejemplo de cómo el concepto de diseño Indigo y la "arquitectura energética" inteligente coinciden.

Este Indigo funciona completamente con electricidad, una elección limpia, siempre y cuando la electricidad requerida se genere de manera sostenible. Debido a que los árboles circundantes proporcionan mucha sombra, en este caso la energía se genera dentro de un proyecto colectivo cercano. La calefacción por suelo radiante, que también puede refrigerar, está alimentada por una bomba de calor aire-agua. Este proyecto fue entregado por nuestros socios constructores, incluyendo acabados de paredes, paredes y puertas interiores. Los clientes se encargaron de la cocina y el baño.

The house has a clever spatial lay-out: the living area and "the sleeping house" in the back are separated by a spacious hall where Tanja and Jos can organize cozy events: lectures and room concerts, for example. This zoning also yields smart, separated climate zones.
You can't see it, but the foundation of this house consists of prefab concrete beams and pier blocks that are placed on the underlying sandy soil. In this way, the house, which stands on lease land, does not leave any traces should it ever be removed. On top of that the floor below is insulated around the edges only, so that the thermal mass of the ground under the house is utilized. This provides extra cooling capacity in the summer and flattens out the heat curve in the winter, due to the buffering capacity of the sand. This is a good example of how Indigo as a design concept and intelligent "energy architecture" coincide.

This Indigo runs fully on electricity, a clean choice, provided that the required electricity is generated sustainably. Because the surrounding trees give a lot of shade, in this case the energy is generated within a collective project nearby. The underfloor heating, which can also cool, is powered by an air-to-water heat pump.
This project was delivered by our construction partners up to and including wall finishes, interior walls and interior doors. The clients themselves took care of the kitchen and bathroom.

# SKILLFULLY STEWARDS AN UNLIKELY EICHLER

Palo Alto, United States // Architect interior and custom cabinetry design: Gustave Carlson Design // Interior design and decoration: Atelier Davi // Groundcover Landscaping // Flegel's Construction

El arquitecto y artista Gustave Carlson, cuya práctica de arquitectura y diseño residencial, que lleva su nombre, trabaja en renovaciones personalizadas, nuevas construcciones y diseño sostenible en diversos estilos arquitectónicos, adaptó un excepcional "Eichler", el nombre colectivo de las distintivas residencias unifamiliares encargadas por el desarrollador inmobiliario del siglo XX, Joseph Eichler, a la visión actual de los propietarios, al tiempo que rinde homenaje a sus orígenes innovadores.

Un admirador del trabajo del arquitecto Frank Lloyd Wright y ampliamente reconocido como un visionario social, Joseph Eichler llevó los principios de diseño y valores de la arquitectura moderna a los estadounidenses de clase media. Entre 1949 y 1966, su empresa, Eichler Homes, construyó unas 11.000 residencias unifamiliares modernas de estilo trazado en comunidades planificadas, en su mayoría en el norte de California; la ciudad de Palo Alto, ubicada en la península de San Francisco, cuenta con la mayor concentración de estas viviendas en Estados Unidos.

A diferencia de la mayoría de los "Eichlers" que se encuentran en Palo Alto, aquel en el que Gustave Carlson y el equipo del proyecto trabajaron es único. Construido en 1971 y ubicado en las colinas de Palo Alto en un lote de bandera que limita con lo que ahora es un campo de golf, este "Eichler" fue encargado a medida por John S. Lynd, un arquitecto y amigo personal de Joseph Eichler.

El "Eichler" de John S. Lynd es actualmente propiedad de una pareja visionaria que comparte cuatro hijas y una colección de arte de más de 90 obras, principalmente de artistas emergentes femeninas. Carlson abordó su encargo adaptando la estructura para la vida contemporánea, integrando eficiencia energética y sostenibilidad, al tiempo que dejaba brillar sus huesos originales.

"Un 'Eichler' captura la palabra optimismo en forma construida", señala Carlson, quien ha trabajado en docenas de hogares privados en la costa este de Estados Unidos y en California. "Estas estructuras aireadas, llenas de luz y a escala humana transmiten la promesa de la era de posguerra, así como la filosofía de Joseph Eichler sobre la vida doméstica y la capacidad del diseño moderno para mejorar nuestra calidad de vida".

Architect-artist Gustave Carlson — whose eponymous residential architecture and design practice works on custom renovations, new construction, and sustainable design across architectural styles — adapted an unusually pedigreed 'Eichler,' the collective name for the distinctive single-family residences commissioned by the 20th-century real estate developer Joseph Eichler, to the current homeowners' vision, while paying homage to its groundbreaking origins.

An admirer of architect Frank Lloyd Wright's work, and widely regarded as a social visionary, Joseph Eichler took the design principles and values of modern architecture to middle-class Americans. Between 1949 and 1966, his company, Eichler Homes, built an estimated 11,000 modern, tract-style, single-family residences in planned communities, mostly in Northern California; the City of Palo Alto, located along the San Francisco Peninsula, boasts the largest concentration of such homes in the U.S.

Unlike most of the 'Eichlers' found in Palo Alto, the one which Gustave Carlson and the project team worked on is unique. Built in 1971, and located in the hills of Palo Alto on a flag lot which backs into what is now a golf course, this 'Eichler' was custom-commissioned by John S. Lynd, an architect and personal friend of Joseph Eichler.

The John S. Lynd 'Eichler' is currently owned by a visionary couple who share four daughters and an art collection of more than 90 works, mainly by emerging female artists. Carlson approached their commission by adapting the structure for contemporary living, integrating energy efficiency and sustainability, while letting its original bones shine through.

"An 'Eichler' captures the word optimism in built form," notes Carlson, who has worked on dozens of private homes on the U.S. East Coast and in California. "These airy, light-filled, and human scale structures convey the promise of the post-World War II era, as well as Joseph Eichler's philosophy on domestic life, and the ability of modern design to enhance our quality of life."

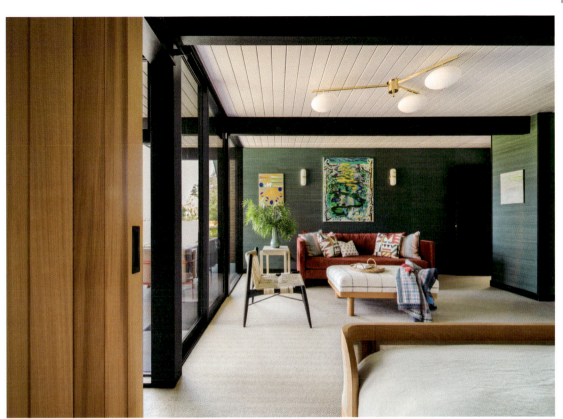

# RESIDENCE INTO A MULTI-GENERATIONAL ABODE

Los Angeles, United States // Architect: Medium Plenty // Photo credit: Mariko Reed

Medium Plenty, una práctica boutique de arquitectura y diseño de interiores con sede en Oakland y Sonoma, California, ha construido una reputación por su sofisticado proceso de diseño integrado y estética moderna con proyectos en todo California y el oeste de Estados Unidos. Los cofundadores Gretchen Krebs e Ian Read han creado una práctica donde cada detalle es cuidadosamente considerado, honrado y elevado a través de una exploración de la luz, la materialidad y la autenticidad espacial.

Para su primera comisión en el sur de California, el equipo renovó por completo esta residencia familiar de más de 90 años en South Pasadena a través de la renovación completa de sus interiores y la transformación del garaje existente en una UDA, donde ahora vive la madre del cliente. Los propietarios eligieron a Krebs y Read después de sentirse atraídos por la estética y filosofía de diseño clásica, minimalista y cálida del estudio.

El objetivo de diseño para la residencia principal fue abrir el espacio de un solo nivel inundándolo de luz natural a través de grandes aberturas y elegantes tragaluces en varios puntos. Una nueva adición trasera amplía aún más el espacio habitable, mientras que una paleta simple de maderas enriquece los interiores en general. Esto se ve reforzado por detalles personalizados, como el trabajo en madera envolvente que se extiende desde la cocina hasta la sala de estar que alberga la biblioteca familiar y una variedad de coleccionables, incluida una selección de tocadiscos vintage.

Con el objetivo general de crear una "vida separada, pero comunal" para toda la familia, el equipo buscó unir las diferentes necesidades y estilos de vida de todos, al tiempo que reunía a la familia de cinco miembros. Además, para asegurar que ambas estructuras, la residencia principal y la UDA, fueran cohesivas, Medium Plenty utilizó elementos similares para conectar las dos fachadas, como el voladizo de madera teñida de negro. La UDA trasera proporciona a la madre del propietario sus propios alojamientos privados, aunque sigue estando a solo unos pasos de la casa principal. El resultado general es un refugio comunitario moderno que funciona maravillosamente para toda la familia.

Medium Plenty, a boutique architecture and interior design practice based in Oakland and Sonoma, California, has built a reputation for its sophisticated, integrated design process and modern aesthetics with projects across California and the Western United States. Co-founders Gretchen Krebs and Ian Read have crafted a practice where every detail is carefully considered, honored, and elevated through an exploration of light, materiality, and spatial authenticity.

For their first Southern California commission, the team revamped this 90+-year-old family residence in South Pasadena through the complete renovation of its interiors and the transformation of the existing garage into an ADU, where the client's mother now lives. The homeowners tapped Krebs and Read after being drawn to the studio's classic and minimal, yet warm, design aesthetic and philosophy.

The design goal for the main residence was to open up the single-level space by flooding it with natural light through large openings and sleek skylights at various points. A new rear addition further expands the living space, while a simple palette of woods enriches the overall interiors. This is further enhanced by customized details, such as wrap-around millwork extending from the kitchen into the living room that holds the family library and a variety of collectibles, including an assortment of vintage record players.

With an overall goal of creating 'separate, yet communal living' for the whole family, the team sought to bridge everyone's different needs and lifestyles, while bringing the family of five together. Furthermore, to ensure that both structures–the main residence and the ADU–were cohesive, Medium Plenty used similar elements to connect the two facades, such as the stained, black-slatted wood overhang. The rear ADU provides the homeowner's mother with her own private living quarters, while still being only a few steps away from the main house. The overall result is a modern-day, communal retreat that works beautifully for the whole family.